MOYENS

DE COMBATTRE LA FRAUDE

EN MATIÈRE D'IMPOT

SUR

LA FABRICATION DES CIERGES

PAR

Florentin de GUIRARD de MONTARNAL

RECEVEUR DES CONTRIB. INDIR. A LACAPELLE (LOT).

POITIERS

IMPRIMERIE DE H. OUDIN FRÈRES

RUE DE L'ÉPERON, 4.

1876

MOYENS

DE COMBATTRE LA FRAUDE

EN MATIÈRE D'IMPOT

SUR

LA FABRICATION DES CIERGES

Florentin de GUIRARD de MONTARNAL

RECEVEUR DES CONTRIB. INDIR. A LACAPELLE (LOT).

IMPRIMERIE DE H. OUDIN FRÈRES

RUE DE L'ÉPERON, 4.

1876

MOYENS

DE COMBATTRE LA FRAUDE

EN MATIÈRE D'IMPOT

SUR LA FABRICATION DES CIERGES.

Si le zèle de quelques employés réussit parfois à
déjouer la fraude, l'intelligence et les efforts de
tous ne sauraient suffire pour la décourager ; et
c'est mû par le désir de fermer la porte à certains
abus et de combler une grande lacune que je crois
devoir exposer ce qu'une courte expérience m'a
démontré, l'insuffisance de la loi du 31 décembre
1873, les vices du décret organique du 8 janvier
1874, et ceux, non moins grands, de la circulaire
109 du 11 janvier, même année, les seules instructions, à ma connaissance qui, avec la circulaire 115,
s'occupent de la fabrication des cierges.

L'impôt qui atteint cette fabrication est nouveau.
Le moyen de constater sûrement les droits qu'on se
proposait d'assurer ne pouvait être indiqué que
par la pratique et l'expérience ; et à défaut du passé
pour guide de l'avenir, on s'explique fort bien que
la loi qui crée cette charge nouvelle ne donne pas

tous les moyens de réprimer les abus qui peuvent se produire. Mais aujourd'hui que l'expérience est faite, aujourd'hui que la pratique démontre ce qu'on peut faire, il y aurait manque à son devoir, de la part de tout agent soucieux des intérêts de l'État, à ne pas faire connaître les fraudes qui se commettent et les moyens qui sembleraient bons pour les arrêter, ne serait-ce qu'en partie.

Mon exposé ne s'occupant que de la fabrication des cierges, je me permettrai de dire que la matière à suivre pour assurer l'impôt est insuffisamment définie; qu'elle est mal spécifiée, et que la définition donnée peut recevoir deux interprétations différentes, dont l'une n'est pas moins admissible que l'autre.

D'une part, le règlement d'administration publique nous dit, art. 8, « que les fabricants qui reçoivent du dehors de la *cire,* doivent immédiatement l'inscrire au registre dont la tenue est prescrite par l'art. 12, et qu'ils doivent en justifier l'emploi, par la représentation d'une quantité correspondante de cierges fabriqués, sous déduction de 2 % des manquants, lorsque la cire est mise en œuvre, sans addition d'aucune autre substance ».

La cire étant cette matière solide et inodore, jaune, blanche ou opaque, que l'on obtient en faisant fondre dans l'eau, le marc provenant de la pression des gâteaux de miel, vulgairement connu sous le nom de cire brute, l'employé ne peut se tromper que s'il le veut. Il regrettera peut-être, s'il connaît la fabrication, qu'au lieu du mot cire, on ne se soit pas servi de la définition plus large de « matière première », qui permettait de mieux assurer l'impôt ; mais la marche est tracée, et le service voit clairement que ce dont il doit s'occuper, c'est de la cire.

L'expression de la circulaire 109, définissant la matière à prendre en charge, est bien plus large. Là en effet, après maint passage où le mot « cire » a été employé dans le sens de l'art. 8 du règlement, il est dit, page 2, chapitre : Enseigne et inventaires dans les fabriques : « Selon l'ordre qui lui a été donné télégraphiquement, le service a dû déjà procéder à l'inventaire des *matières premières* dans les usines ».

Le règlement d'administration publique ne parle que de la cire, à l'exclusion des marcs. La circulaire, elle, s'occupe de la matière première, c'est-à-dire de l'un et de l'autre, de la cire aussi bien que des marcs, puisque ces derniers ne sont autre chose que la matière première avec laquelle on fait la cire. Et cependant, tout en donnant l'ordre de prendre en charge la matière première, l'administration n'a pas indiqué le moyen de suivre le compte des marcs, qui ne peuvent être confondus avec la cire que sous peine de causer un préjudice énorme au fabricant. Qu'en conclure ?

C'est que la substance productive du cierge n'était pas suffisamment connue, et que les mots « matière première », ont été pris dans le sens du mot « cire ». Loin de moi la pensée de faire le procès aux expressions employées. Je ne puis cependant m'empêcher de constater qu'elles ont fait naître le doute dans l'esprit de certains agents, et qu'il en est résulté des interprétations différentes ; en voici la preuve.

Dans certains départements on prend la cire en charge, et avec elle, cumulativement et au même compte, tous les marcs qui sont introduits. Cela fait, on procède au pesage de toutes les matières en magasin, et le manquant est converti en cierges, sous déduction de 2 %, lorsque la cire est seule mise en œuvre.

Ces employés-là ont cru avec raison que les mots « matières premières » comprenaient la cire, aussi bien que les marcs ou cire brute; et ils se rendent coupables d'une injustice qui ruinerait le plus riche fabricant , s'il ne savait trouver une compensation au préjudice qu'on lui cause.

Dans d'autres départements, et c'est le plus grand nombre, on n'a pris en charge, pour mémoire seulement, que la cire. A chaque exercice, car on ne pèse jamais, le fabricant déclare la quantité de cire passée à l'état de produit fabriqué; on prend ce produit en charge; on constate les restes et les ventes, et, cela fait, on repart, sans se dire que le défaut de prise en charge des marcs fournit au fabricant un moyen facile de déguiser ses fabrications, et convaincu d'ailleurs qu'on s'est conformé au vœu de l'art. 8 du règlement, qui ordonne de ne prendre en charge que la cire.

Or, de deux choses l'une. Ou les marcs ou cire brute doivent être considérés comme matière pre-

mière, chargés avec la cire, cumulativement avec
elle, au même compte, et les manquants être convertis en cierges, ce qui est une iniquité flagrante
que je démontrerai ; ou bien, on ne doit se préoccuper que de la cire seulement, et alors, faute de
prendre les marcs en charge, à un compte spécial,
l'administration se trouve désarmée en présence de
fabricants qui ont toutes les facilités désirables pour
dissimuler le produit de leur fabrication: ce que
j'établirai encore.

Empêcher, autant que faire se peut, l'industriel
de l'espèce, de fabriquer sans que le service puisse
le constater, voilà mon but. A d'autres de trouver
le moyen plus difficile d'arrêter la fabrication clan-
destine par l'apposition de timbres ou marques
particulières. Pour moi, je croirais avoir utilement
servi l'administration, si je parvenais à démontrer
la nécessité de tenir un compte pour chaque degré
de préparation de la matière première.

Les marcs, avant d'être convertis en cire et cette
dernière pour passer à l'état de cire blanche, état
dans lequel elle est le plus communément employée pour la fabrication du cierge, comportent
trois degrés de préparation, d'où un compte pour
chacun d'eux. Les débris, par les raisons que j'indique plus loin, doivent bien avoir un chapitre spécial, ce qui fait quatre; et si j'ajoute à la tenue de
ces comptes divers un pesage rigoureux à chaque
exercice, la constatation des droits que nous avons
à percevoir chez les fabricants de cierges sera

infiniment mieux assurée, je crois, qu'elle ne l'est
en ce moment.

Pour établir la nécessité de ces quatre comptes,
je prends le marc ou cire brute, au moment où le
propriétaire le vend, après en avoir exprimé le
miel; je m'occupe de ce marc lorsqu'on le fait
fondre dans l'eau, pour en avoir la cire, et cette
cire, je la suis dans toutes les phases ou transfor-
mations par lesquelles elle doit passer avant d'être
livrée au commerce, à l'état de produit fabriqué. Je
la reprends encore, pour la suivre dans la nouvelle
manipulation, à laquelle elle donne lieu lorsque,
sortant de la fabrique de l'église ou du presbytère
à l'état de débris ou fractions de cierges, elle revient chez le fabricant pour y être refondue, souvent reblanchie, mais toujours remise en œuvre.

L'abeille s'accommode fort bien de notre climat :
de là vient qu'il est peu de propriétaires ruraux
qui n'aient un rucher. Dès que le mois de mars
arrive, on extrait de la ruche, espèce de cloche
dans laquelle se logent les abeilles, le rayon ou
gâteau de miel. Ce miel on l'exprime et, cela fait,
il ne reste plus qu'un certain résidu, connu sous
le nom de marc ou cire brute, avec lequel on obtient la cire employée dans l'industrie.

Le marc est parfois converti en cire par le propriétaire lui-même ; mais le plus souvent il est
vendu en son état : 1° à des fabricants de cierges,
ou bien 2° à des marchands fondeurs ou blanchisseurs de cire.

DES FABRICANTS DE CIERGES.

On ne saurait exercer une surveillance trop grande sur la cire brute introduite chez les fabricants. Une fois chez eux en six heures le marc est converti en cire; en quinze jours si on se propose de la blanchir et trois jours si on ne le fait point, la cire passe à l'état de cierge.

Le marc est d'abord converti : 1° en cire jaune, 2° la cire jaune en cire blanche, 3° la cire blanche en cierges.

1° *Transformation des marcs ou cire brute, en cire jaune.* — Le marc acheté, le fabricant le fait fondre à l'eau chaude, en ayant soin d'activer le feu, jusqu'à ce que le liquide soit entré en ébullition, une ébullition caractérisée, mais non tumultueuse. Arrivé à ce degré de chaleur, on l'y maintient pendant une heure. La fusion est alors complète, et on verse le tout dans le pressoir, en ayant soin de verser constamment de l'eau chaude par-dessus. La cire et l'eau tombent ensemble dans un grand bassin, et là, ce mélange n'étant plus agité et la température d'ailleurs tendant à s'abaisser, la première se sépare de la seconde, surnage, et elle est recueillie avec une cuillère, pour être versée dans les moules de la forme voulue : première opération qui a duré six heures et dans laquelle le fabricant a perdu de 50 à 60 0/0 du poids primitif, selon les lieux et les années.

J'assistais, il y a peu de jours, à un travail de ce genre. Cinquante-cinq kilogrammes de cire brute furent mis en ma présence dans un vaste chaudron ; l'opération fut conduite ainsi que je l'indique, et lorsque tout fut fini nous ne retirâmes que 24 kilog. 500 de cire jaune. Il résulte donc de ce fait que les marcs, perdant 50 0/0 au moins, ne peuvent être confondus avec la cire que sous peine de causer un préjudice énorme au fabricant. Cependant ils doivent être pris en charge ; mais c'est à un compte spécial et avec une déduction spéciale.

Il n'y aurait aucun inconvénient à ne pas se préoccuper des marcs, chez le rare fabricant, honnête et consciencieux qui, ayant obtenu de la cire, l'inscrirait au compte dont la tenue est prescrite, puisque ses charges en cire seraient grossies d'autant et que le manquant serait converti en cierges. Mais il n'en est pas ainsi chez le plus grand nombre de ces Messieurs. Les trois quarts d'entre eux se son ligués pour frustrer l'État en trompant ses agents ; et un de leurs moyens, j'en indiquerai un autre plus tard, qui est de remplacer la cire blanche ou jaune (les deux espèces sont confondues dans un même compte) qu'ils ont convertie en cierges fabriqués et vendus frauduleusement par une égale quantité de cire provenant de matières non prises en charge, c'est-à-dire des marcs.

Un premier compte pour cette espèce de matière première paraît donc nécessaire. Les charges pourraient s'y établir par recensement, en imposant au fabricant l'obligation rigoureuse d'inscrire tous les marcs reçus au 68, ou bien au moyen d'acquits-à-caution, ce qui serait aussi pratique que pour les vins ; les excédants seraient saisissables, et le manquant, sous déduction à fixer, formerait les entrées au deuxième compte, celui de la cire jaune.

La cire, à l'état jaune, s'emploie en quantité presque aussi grande que lorsqu'elle a été blanchie complétement. Je dois même dire qu'elle tend à être employée en quantité plus considérable qu'elle ne l'est aujourd'hui : d'abord, parce que le cierge en est moins cher, et, en second lieu, parce qu'il est plus tôt fait. Fabriquer vite, c'est frustrer l'État, bénéficier de ce qu'il perd, et nous verrons que Messieurs les fabricants sont habiles à cela faire.

Nous avons vu qu'en six heures de temps on convertit les marcs en cire jaune. Cette opération faite, il suffit de faire fondre ladite cire une seconde et une troisième fois; chacune de ces manipulations dure de cinq à six heures; dans chacune d'elles elle s'est dépouillée des matières terreuses ou colorantes qu'elle contenait, et elle prend alors une teinte opaque. On la remet en fusion pour la quatrième fois, et on la verse, à la cuillère, sur des mèches pendues à un instrument appelé tour, en ayant soin de renouveler cette opération jusqu'à ce que lesdites mèches se soient revêtues de couches de cire en nombre suffisant pour donner aux cierges la grosseur voulue; ce travail dure un jour environ. Une deuxième journée suffit pour les presser et finir à la main, et au bout de trois jours et même moins, si la quantité de cire est peu considérable, le fabricant a fondu les marcs, fait et vendu les cierges, sans que le service, qui ne s'est pas présenté dans l'intervalle, puisse constater la fraude. Mais que le service intervienne pendant la fabrication, on lui dira que la cire mise en œuvre n'est autre qu'une partie de celle qu'on avait prise en charge à son compte; les employés, ne reconnaissant pas les restes de cette cire, se contenteront de prendre les cierges fabriqués, et le négociant en sera quitte, cette fois, en ne payant que le simple droit.

Non-seulement le fabricant a intérêt à employer la cire jaune ou opaque, mais il y est encore obligé.

On se sert, en effet, des cierges de cette nature à l'église, pour le service du culte, où l'usage de la cire blanche, plus facile à mélanger avec de l'acide stéarique, est formellement interdit; on s'en sert également aux enterrements et cérémonies religieuses des moins favorisés de la fortune ; on en use partout, en un mot, où, par nécessité ou pour raison d'économie, l'usage de la cire jaune ou opaque est plus avantageux.

La cire sert à fabriquer le cierge, c'est vrai ; mais ce n'est pas là le seul usage qu'on en fait dans l'industrie. L'ébénisterie et les particuliers eux-mêmes en consomment une certaine quantité, et à ce propos-là je vais indiquer le plus grand et le plus sûr de tous les moyens dont se servent les fabricants des villes pour tromper les employés et soustraire les produits fabriqués à l'impôt.

Le service se présente chez un fabricant, pour procéder à ses vérifications habituelles. Il pèse, ce qui devrait être invariablement toujours fait, ou bien il reconnaît d'une façon quelconque la cire restante ; et de cette quantité, comparée avec la totalité de ses charges, il ressort un manquant de cinquante kilogrammes, par exemple, que les employés se disposent à convertir en cierges. « Mais pardon, dit notre industriel avec un air de bonhomie qui ne paraît point feint : j'ai bien un manquant de cinquante kilogrammes, depuis votre dernier exercice, c'est vrai ; mais vous devez déduire de ce chiffre vingt-cinq kilogrammes de cire vendus aux ébénistes, et quinze kilogrammes cédés à des maisons particulières pour le cirage des meubles ou parquets, en tout quarante kilogrammes. » L'allégation du fabricant est ingénieuse, elle est mensongère, neuf fois et demie, sur dix au moins, le service le sait ; mais comme le cas n'a pas été prévu et que la version du fabricant est à la rigueur possible, on se contente de convertir dix kilogrammes en cierges, et le négociant bénéficie des droits afférents à quarante kilogrammes de cierges fabriqués et vendus frauduleusement, ou cachés en lieu sûr. Cette histoire se reproduit ailleurs le lendemain, elle se renouvelle à chaque exercice chez tous les fabricants peu ingénieux à varier les moyens de fraude, et ainsi échappent à l'impôt les produits sur lesquels nous devons assurer les droits.

Je crois avoir établi qu'on ne peut prendre les marcs en charge avec la cire, que sous peine de causer un préjudice énorme au fabricant.

J'ai essayé de démontrer, en me posant à un autre
point de vue, qu'on ne peut se dispenser de les suivre par exercice, et qu'un compte spécial est pour
eux nécessaire ; j'ai dit qu'un deuxième compte
pour la cire jaune me paraissait non moins utile,
parce que, en cet état de préparation, elle est employée à des usages divers ; s'il restait encore quelque doute, le chapitre de la *Transformation de la cire
jaune en cire blanche*, nous dira que c'est œuvre d'u-
tilité et de justice.

2° *Transformation de la cire jaune en cire blanche.*
— Les cierges fabriqués avec de la cire jaune ou
opaque étant plus spécialement destinés au service de
l'autel ou à l'usage de certaines congrégations, parce
que la matière est pure de tout mélange, l'industrie a dû rechercher le moyen d'obtenir des produits de luxe plus beaux et plus propres et pou-
vant comporter dans leur fabrication l'emploi de
l'acide stéarique étendu de cire. Pour cela faire, on
a blanchi cette dernière. On obtient ce résultat en
prenant les blocs, masses ou tablettes obtenus par
la première transformation, et les découpant en
petites couches très-minces, que l'on expose au soleil
d'avril ou de mai, en ayant soin de les humecter
souvent. Ainsi exposée, la cire se dépouille de
toutes les matières étrangères qu'elle détient ; au
bout de dix ou douze jours, selon le temps, elle est
devenue complétement blanche, et on la conserve
ainsi pour l'employer plus tard, ou bien elle est
refondue et remise en pains, nouvelle série d'opé-

rations dans laquelle le fabricant a perdu de 6 à
8 °/₀ du poids primitivement exposé au soleil.

Cette perte ne suffit-elle pas pour démontrer la
nécessité du compte de la cire jaune, sans l'abus et
l'emploi fréquent qu'on fait de cette matière, à ce
degré de préparation?

3° *Transformation de la cire blanche en cierges.* — Une
fois blanchie, la cire est refondue pour la dernière
fois dans des bassines, et coulée à la cuillère sur des
mèches, ou bien elle est versée dans des moules
renfermant déjà la mèche de la longueur voulue.
Le cierge est fini à la main, ou par des procédés
mécaniques, et là se borne tout le travail de la fabrication. C'est alors le cas d'allouer sur le manquant
de cire blanche constaté le 2 °/₀ dont parle l'art. 8
du règlement; mais, appliquée avant, cette déduction est insuffisante et par trop disproportionnée à
la perte qu'éprouve le fabricant. De là, le troisième
compte de la matière première, forcément suivi de
celui que comportent les produits fabriqués.

Outre le produit des marcs et la cire régulièrement
introduite, le fabricant a un autre moyen de se pro-
curer de cette matière, et ce moyen il le trouve
dans l'achat des débris ou fractions de cierges, dont
on ne s'est pas assez préoccupé jusqu'ici.

4° *Débris ou fractions de cierges.* — On admet géné-
ralement que un tiers de la quantité de cire sor-
tie de chez le fabricant à l'état de cierge, y revient
quelque temps plus tard à l'état de débris. Le

cierge ne brûle jamais jusqu'au bout, car, outre
que la mèche ne se prolonge pas dans toute sa longueur, ce qui se produit invariablement pour tous
ceux qui sont faits à la main, il en reste toujours une
certaine quantité que par convenance on n'allume
plus, et ce reste mis de côté devient la propriété,
dans une proportion donnée, du desservant et de la
Fabrique de l'église. D'un autre côté, tous les cierges ne se consument pas également bien. Selon
que les mèches sont de telle ou telle qualité, selon
qu'elles sont plus ou moins bien proportionnées au
calibre, qu'elles sont plus ou moins au centre du
cierge, celui-ci brûle mieux ou plus mal. Il en coule
parfois une quantité de cire assez grande, que l'on
met avec les bouts de cierge dont j'ai parlé, et le
tout ensemble est vendu au fabricant.

Or, comme cette matière a acquitté un premier
impôt et qu'elle en doit un second, puisque pour
la deuxième fois elle est mise en œuvre, il importe
donc de savoir comment on procède : le voici. On
extrait les mèches en faisant fondre les débris une
première fois ; par une seconde refonte, la cire se
dégage des matières terreuses qu'elle détenait, opération dans laquelle il a été perdu 15 0/0 du poids
primitif ; et comme cette matière n'a plus besoin
d'autre préparation, on peut en deux jours ou plus
la remettre en cierges: de là donc, nécessité d'avoir
un compte spécial pour les débris, avec une déduction particulière sur le manquant, que l'on pren-
drait en charge, au compte de la cire blanche.

En résumé, la législation actuelle étant donnée

et devant être conservée, quatre comptes de matières premières paraissent nécessaires pour ne pas léser les intérêts des fabricants honnêtes, pour mettre des entraves aux agissements des industriels peu scrupuleux, et assurer les produits chez tous.

Le premier pour les marcs ou cire brute, avec déduction de 50 à 60 0|0 sur le manquant, pris en charge au compte de la cire jaune.

Le deuxième pour la cire jaune avec déduction de 6 à 8 0|0 sur le manquant, s'il y a excédant au compte de la cire blanche ou fabrication au compte des cierges; et quadruple droit, s'il n'existait ni l'un ni l'autre. Car l'absence d'excédant au compte de la cire blanche, de même que le défaut de fabrication, indiquerait clairement que le manquant a été converti en cierges frauduleusement vendus.

Le troisième pour les débris avec déduction de 15 à 18 0|0 et conversion du manquant en cire blanche.

Le quatrième pour la cire blanche, avec déduction de deux pour cent sur le manquant converti en cierges.

Le cinquième enfin, pour les produits fabriqués.

DES FONDEURS ET DES BLANCHISSEURS DE CIRE.

Outre les fabricants de cierges, il existe deux autres catégories d'industriels qui, aux termes de la Circulaire 115, sont libres de faire leur commerce comme ils l'entendent, affranchis de toute

formalité et de toute déclaration : ce sont les marchands fondeurs et les blanchisseurs de cire.

Les premiers achètent les marcs dans les campagnes, les fondent chez eux, et expédient ensuite la cire à des blanchisseurs ou directement même à des fabricants. Les seconds reçoivent la cire à l'état jaune, la blanchissent par le procédé indiqué et la vendent au dernier des deux destinataires ci-dessus.

L'un comme l'autre, ils expédient quand bon leur semble et à qui bon leur semble ; le fabricant qui reçoit est bien libre d'inscrire la cire reçue au 68, ou de ne pas le faire, puisque rien ne constate son arrivée. Il ne l'inscrit pas ; et alors il la met dans un local voisin de la fabrique, ou bien encore il l'introduit en magasin où elle remplace pareille quantité de cire mise en œuvre quelques jours avant.

Ne serait-il pas possible de soumettre ces commerçants à l'exercice ? Leur compte n'étant déchargé qu'en vertu d'expéditions régulières, les droits seraient pourtant assurés, puisque la quantité expédiée et le destinataire seraient connus.

Cet exposé étant fait, que je me permette en finissant quelques observations.

En développant le mode qui me semblerait le meilleur pour ne pas léser les intérêts de cette industrie et assurer en même temps les droits dus au trésor, je n'ai pas certes la prétention d'arrêter la fraude : mon but, plus modeste, se borne à la limiter en la paralysant.

On me dira, sans doute, que mon système n'est

pas sans offrir des inconvénients ; on me dira qu'il
est trop long dans la pratique, trop compliqué de
comptes et de déductions. Je répondrai que la
tenue des cinq comptes, d'un fabricant de l'espèce,
avec quatre déductions différentes, n'est chose ni
plus compliquée ni plus difficile que de passer les
écritures aux cinq ou six chapitres dont se com-
pose souvent un compte de marchand en gros. Le
recensement, chez ces derniers, est souvent une opération fort longue, quand elle n'est pas impossible.

Il faut d'abord s'assurer si les écritures sont en
harmonie avec celles du négociant ; après cela, il
faut déterminer la contenance d'un très-grand
nombre de vaisseaux, constater la nature et le
degré du liquide, reconnaître les restes ; tout cela
demande beaucoup de temps et de patience, et cependant le service en vient à bout. Pourquoi serait-
il plus long et plus compliqué de déterminer le
poids des marcs ou celui de la cire, alors surtout
que les quantités sont rarement considérables, et
qu'il est plus rare encore de trouver les quatre
degrés de préparation dans la même usine ?

Mais de quelle nécessité quatre comptes pour les
matières premières, me dira-t-on encore, et pourquoi ne pas réunir en une seule et unique déduc-
tion les 50 0|0 des marcs, les 6 0|0 de la cire jaune,
les 2 0|0 de la cire blanche et les 15 0|0 des débris ?
On n'aurait alors, qu'un seul compte et qu'une
seule déduction : ce serait plus simple, moins long,
et les produits n'en seraient pas moins assurés.

Je répondrai encore que, dans aucun cas, les

débris ne peuvent être confondus avec les marcs, puisqu'ils proviennent de cierges pour lesquels il a été déjà alloué la déduction qui convient aux marcs et à la cire. Or, étant admis que les débris perdent 15 0⁄0 et que les marcs ou cire brute en perdent 58 avant d'être convertis en cierges, ce serait faire perdre 43 0⁄0 à l'État que de confondre les premiers avec les autres.

Donc, les débris ne peuvent être pris en charge avec les marcs.

Et maintenant que du compte de la cire brute, de celui de la cire jaune et de celui de la cire blanche on n'en fît qu'un seul avec une déduction de 58 0⁄0, ce serait à la rigueur possible, mais ce serait perdre tous les avantages que l'on peut retirer du mode que je développe, et je vais essayer de le démontrer.

Si tous les industriels ne se procuraient la cire employée à la fabrication qu'au moyen des marcs transformés chez eux en cire jaune, et cette dernière en cire blanche, oh! alors, point d'inconvénient à n'avoir qu'un seul compte et qu'une seule déduction, puisque la matière première passerait chez le même fabricant, par les trois degrés de préparation dont je parle. Mais pour cinquante fabricants qui opèrent ainsi dans les campagnes, il y en a en ville vingt-cinq qui ne reçoivent que de la cire jaune; vingt-cinq autres n'achètent que de la cire blanche, et ce serait perdre tout le bénéfice que l'on peut retirer de ce mode de constatation, que d'accorder à la matière prise à un des deux derniers états indiqués, la déduction qu'il convient d'allouer pour tout le travail de la préparation. Le système des trois comptes n'offre pas seulement l'avantage de suivre la matière dans les trois changements de forme ou de couleur qu'elle comporte; il a, de plus, celui d'établir trois catégories spéciales et parfaitement définies de fabricants, ayant besoin d'une déduction proportionnée à la perte qu'ils éprouvent.

Donc, la tenue d'un seul compte pour ces trois degrés de préparation, avec une déduction unique, n'est pas pratique.

Si le mode que vous prônez offre, en effet, par un exercice bien compris, la possibilité de mieux assurer les droits à l'avenir, dans tous les cas, me dira-t-on peut-être, il ne porte pas remède à cette prétendue vente de cire que les fabricants disent toujours avoir faite aux ébénistes ou autres, lorsque le service se présente chez eux pour prendre le produit de leur fabrication. Eh! non sans doute, car le moyen de remédier à cet état de chose, je ne le vois point. Le seul moyen qui existe (mais alors il faut modifier la législation) consisterait à refuser décharge au fabricant pour toute quantité de cire non employée à confectionner des cierges, ce qui serait porter atteinte à la liberté de commerce. Aussi, me semble-t-il difficile que, avec les instructions données, le rendement de cet impôt puisse jamais atteindre les prévisions budgétaires.

Deux moyens, cependant, me sembleraient devoir assurer ce résultat, sinon le dépasser.

Le premier, moins pratique, consisterait à frapper la cire d'un droit général de consommation perçu chez le récoltant.

Pour le second, il s'agirait de déterminer le nombre de ruches par propriétaire et par commune. Ce premier travail serait, à coup sûr, moins considérable que ne l'a été, pour les contributions directes, le dénombrement des portes et fenêtres ; un recensement annuel suffirait pour constater les ruches nouvelles ou disparues, et on obtiendrait, au moyen d'un droit fixe de 60 centimes pour chacune d'elles, un rendement plus fort, d'un recouvrement aussi facile et plus sûr, qu'on ne l'obtient par l'exercice des fabriques.

POITIERS. — TYPOGRAPHIE DE H. OUDIN FRÈRES.

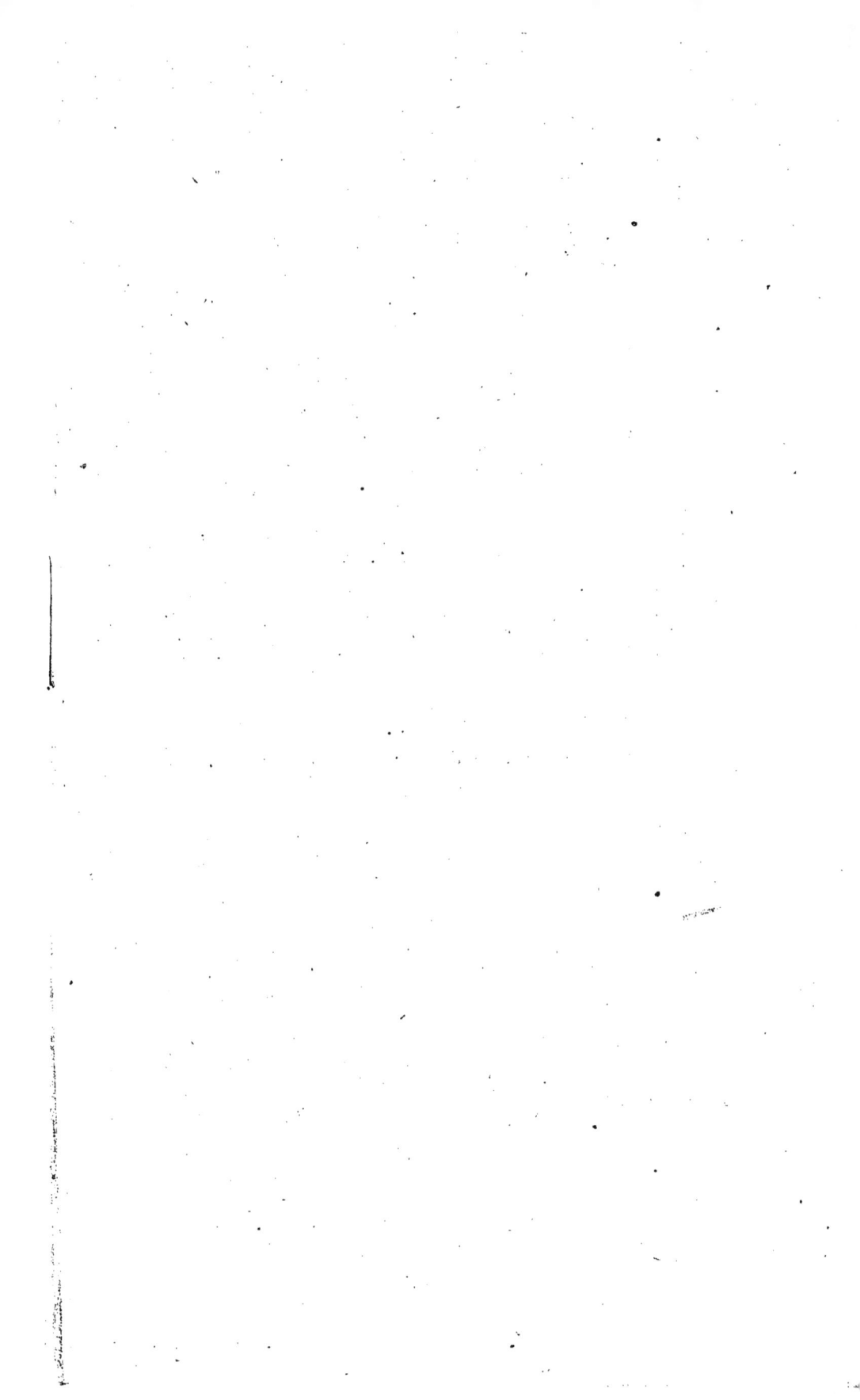

www.ingramcontent.com/pod-product-compliance
Lightning Source LLC
Chambersburg PA
CBHW070748280326
41934CB00011B/2844